Pour Sarah, Morgane et Juliette.

Nathalie Dargent

Colorisation : Guylène Pinto

1, rond-point du Général-Eisenhower, 31101 Toulouse Cedex 9, France.

Dépôt légal : mars 2019
ISBN : 978-2-4080-0392-0
Achevé d'imprimer au 1er trimestre 2019 par Pollina, Luçon - 88240
www.bd-kids.com

Nathalie Dargent

Yannick Thomé

LES INSÉPARABLES

Léa part en classe verte

BD KIDS

Ce jour-là, à la sortie de l'école...
À lundi, les enfants ! N'oubliez pas vos brosses à dents.
À lundi, maître.
Vous apportez des brosses à dents à l'école ?
Bah oui ! T'as oublié ?
Lundi, nous on part en classe verte.
Oh, c'est vrai...
Moi, j'aimerais pas partir toute seule.
On sera pas tout seuls, on sera ensemble !
C'est comme une soirée pyjama géante.
Mmm... Mais sans les parents pour faire le bisou du soir.

La veille du départ.
Tu as mis mes bottes ?
Tout y est. Même ton pull préféré.
Et voilà ! Ma grande fille s'en va, et, moi, je reste ici.
Ou alors... tu pourrais venir avec moi ?!
Ha ha ! Et qui s'occuperait de Chaminou ?
On l'emmène aussi.
Alors là, ce ne sera plus une classe verte...
Ce sera nos vacances, comme d'habitude.
Je les aime bien, moi, nos vacances.
Tu vas vivre plein d'aventures, tu ne penseras pas à nous.

La nuit…
Psst… Chaminou, tu dors ?
Tu dors ?!
Fff.
Je peux dormir avec toi ?
Hein ?
Qu'est-ce que tu as, mon chaton ?
J'ai pas envie de partir demain.
Chaminou ?…
Tu dors ?

Léa a déjà pris le car pour des sorties scolaires.
Une fois pour visiter un château.
Une autre pour aller au Parc aux oiseaux.
C'est parti, les sushis !
Tu crois qu'on mange des sushis en classe verte ?
Berk. Parle pas de sushis si tôt le matin.
C'était super les deux fois, mais là non.
Ben non, en classe verte on mange des trucs verts.
Là, elle a mal au cœur.
Haricots verts, brocolis, courgettes...
Oh non, pas des courgettes !

Ah moi, si on mange des courgettes, j'appelle mes parents.
On peut téléphoner chez nous ?
Ils me feront un mot du médecin pour avoir des frites.
Tu rigoles ? Les docteurs, ils font pas de mot pour les frites.
Tu verras quand j'aurai appelé mes parents.
ON POURRA TÉLÉPHONER CHEZ NOUS ?
Bah oui. C'était écrit sur la feuille qu'on a donnée aux parents.
Mais seulement en cas d'urgence.
C'est quoi, une urgence ?
C'est quand il y a un truc important.
Et qu'il faut le dire aux parents.
Ah...

Enfin...
Waaah...
Oh, on dirait notre jardin... sans le jardin.
Et sans les immeubles.
Incroyable ! C'est comme une vraie ferme.
C'EST une vraie ferme, les enfants.
La ferme de la Clé-des-Champs. Bienvenue, les enfants !

Je vous présente l'équipe ?
Sylvain, cuisinier imaginatif. Il récolte les plantes sauvages et les transforme en recettes, même les orties.
Laurie, animatrice. Les poneys, c'est son domaine. Elle est trop forte pour organiser des jeux avec eux.
Ahmed, animateur qui sait tout faire, même allumer un feu de camp. Son truc en plus : reconnaître les étoiles la nuit.
Et, moi, je suis Fatoumata, la directrice. Ma spécialité : faire découvrir la campagne aux gens des villes.
Je vous montre vos chambres ?

Nous, on est cinq. Il nous faut une chambre de cinq !
Désolé, on a des dortoirs de dix ou des chambres pour quatre.
Dortoir alors ?
Oui mais, quatre, ça suffit pas.
On prend le dortoir d'où on voit les poneys !
Bah, Léa ? Tu n'es pas avec tes amis ?
Je cherche une chambre à moi toute seule, comme à la maison...
On va voir les poneys, tu viens ?
Vous savez déjà où vous dormez ?
Bah oui, on t'a gardé une place !
Va poser ton sac !
Vite, on va voir les poneys !

Le dernier arrivé est une patate panée !
Attendez-moi !
AÏE !
Oh la la, c'est tout rouge !
TU T'ES FAIT PIQUER PAR UN SERPENT !
Han, c'est HYPER-dangereux, va falloir te couper la jambe !
Ah non ! On va te sauver.

Au secours !
Léa a été attaquée par un serpent !
Pauvre cocotte, c'est une piqûre d'ortie.
C'est grave ?
Mais non. Un peu de vinaigre pour désinfecter, et hop !
Berk, ça pue !
Ça va, ça ne fait pas mal.
Bravo, Léa. Tu es très courageuse.
Elles sont où, ces orties ?
Dans les herbes là-bas.
Faut dire aux autres de pas y aller !
J'ai une meilleure idée. On en reparle au dîner !

En effet, au dîner...
T'as oublié tes couverts !
Crotte ! Comment je vais manger ?
C'est pas grave, tu peux les prendre après.
C'est de la cuisine aux courgettes ?
Ah non. C'est du pain aux orties.
Aux orties ?! Ça va nous piquer la bouche !
Mais non. Et, si tu préfères, il y a du pain normal.
Qui veut ces délicieux friands ?
Ils sont pas aux orties, eux ?!
Ah non ! Saucisse, fromage et salade cuite.
SALADE CUITE ?!
Mmmm...
J'adore les saucisses, et, ma mère, elle n'en fait jamais.

À la fin du repas.
Les enfants, n'oubliez pas de débarrasser vos tables.
Il me faut quatre volontaires pour la vaisselle.
Ah oui ! Chacun aidera à tour de rôle.
Oui, Léa ?
Je sais pas faire la vaisselle, je dois aider quand même ?
Tu m'étonnes ! Chez nous, il y a une machine.
Mon père dit que je suis trop petit.
Moi, j'ai pas le droit, je suis trop maladroit.
C'est aux filles de faire la vaisselle.
On parie ?!

Bonne nouvelle, les enfants...
Ici, on n'est pas à la maison !
Allez, quatre courageux avec moi !
Moi !
Super, on va s'amuser !
C'est pas grave si on est cinq ?
Mon père, ça va drôlement l'étonner.
Et nous alors ?
Bah oui, on fait quoi ?
CUISINE
Je peux balayer, Ahmed ?!
?

Le lendemain, les choses sérieuses commencent.
En forme pour l'atelier poney ?
OUI !
Alors chacun choisit un poney et commence par le brosser.
On monte pas dessus ?
Pas tout de suite ! Avant, on fait connaissance.
On pomponne, on papouille, on câline.
Couac couac...
Crotte, quelqu'un a ouvert l'enclos des jars...
Ne vous laissez pas intimider par ces affreux jojos !

Oh, des canards !
Mais non, Laurie a dit des « chars ».
Des JARS ! C'est les maris des oies.
Couac couac couac !
Ffff... Quels boulets, ces jars ! Parfois, j'ai envie de les faire rôtir à la broche !
Hiii !
Ça suffit, les clowns ! Vous excitez les poneys.

Problème réglé.
Ha ha ha !
Ils sont fous, ces canards.
Hé hé ! Même pas peur.
Allez, on brosse nos poneys.
Ils sont d'accord ?
Bien sûr ! Ils adorent ça.
Tiens, tu vas t'occuper de Bébert.
Il est gentil ?
Il a son petit caractère. Mais au fond c'est une crème.
Lucas, ne te laisse pas faire ! Montre-lui qui commande.

Heu… Bébert, c'est moi qui commande.
Dis donc ! T'es malpoli avec mon amie.
Ha ha, t'es un voyou.
Si tu veux, on échange. Banane, elle est mimi mais un peu ramollo.
Non, je préfère essayer l'atelier potager.

L'atelier potager, c'est calme.
Tu nous aides pour la récolte ?
D'abord les fraises. Ensuite, les pois et les salades !
Je peux en goûter une ?
Bien sûr ! Il faut juste en laisser pour la tarte.
Miam, ch'adore cha !
Moi aussi.
On dirait que quelqu'un a croqué dedans.
Une limace ! Ces coquines grignotent mes fraises.
Berk !
Ha ha, c'est la preuve qu'elles sont bien sucrées.

Là, ce sont des scaroles, les enfants.
Hiii, une bête !
Ah, super ! Un carabe... Ne le dérangeons pas.
Vérifiez que vous avez assez arrosé en enfonçant un doigt dans la terre...
Mais doucement... Ne bousculez pas les vers de terre !
Encore une bête, Fatou !
Hi hi, le gros ver !
Ha ha, au secours, Fatoumata !

À l'heure du repas…
Il y a des bêtes partout partout !
Ha ha, parles-en avec Tom !
C'est pas drôle !
Si, quand même un peu.
Tom a peur d'aller aux toilettes parce qu'il y a une araignée.
Lucas aussi !
Elle est énorme.
Comment vous faites alors ?
On va dehors !
Pour ça, c'est cool, la campagne.
Si t'as pas peur de te faire mordre les fesses par un sanglier.
Tu manges pas ton dessert ? Je peux l'avoir ?
Oui.

L'après-midi...
Ici le sanglier, là le renard...
Les animaux sauvages
C'est méchant, les sangliers, Ahmed ?
Ni méchant ni gentil. Ce sont des bêtes sauvages.
Si on les laisse tranquilles, ils ne sont pas dangereux.
Observez bien chaque empreinte, les enfants...
Les animaux sauvages
On essaiera d'en trouver dans la forêt.
On va aller se promener dans la forêt ?!
Mieux, Léa. Demain, on va y dormir.
Vous verrez : la nuit, il y a plein de bêtes.
Bah oui, les hiboux, les chauves-souris...
Et des loups, il y a des loups ?!

Ce soir-là, au coucher...
Truc de ouf de camper en forêt !
C'est géant !
J'espère qu'il n'y a pas d'araignées.
À mon avis y en a pas en forêt.
Purée ! J'espère qu'il y aura des loups.
Et des sangliers !
Et des chauves-souris !
Tout le monde est couché ? Super, j'éteins !
Bonne nuit !
Bonne nuit !
Z333333...

Le lendemain...
Ateliers
Poney
Aminata
Valère
Tom
Cléo
Léon
Myriam
Joshua
Potager
Parfait
Lucas
Roméo
Camille
Polina
Antigone
Cuisine
Raphaël
Bakari
Mudrikat
Diana
Jeanne
Lou
Nichoirs à oiseaux
Samir
Arthur
Gabriella
Naya
Robin
Louise
Jules
J'espère que j'aurai encore Bébert !
Et toi, Léa, tu fais quoi aujourd'hui ?
C'est une surprise.
J'ai une urgence, je peux appeler ma maman ?
Une urgence ? Qu'est-ce qui t'arrive, Léa ?
Je veux rentrer chez moi.
Mm... Commencez l'atelier sans moi, je m'occupe de Léa.

Il est dans le potager, le téléphone ?
Non. Tu sais, la première fois que je suis venu ici, j'avais ton âge.
Ah bon ?!
J'étais en classe verte, j'ai détesté la campagne...
Je voulais rentrer chez moi. J'avais peur des bêtes.
T'as vu ?! Il y en a plein partout ! Ça fait peur.
Tu m'étonnes ! Tiens, par exemple, ces belles courgettes...
Dès qu'on creuse autour, on trouve des vers de terre...
BEURK ! Dégoûtant !
Sauf que ce sont des jardiniers, les assistants de Fatoumata.
En remuant la terre, ils aident les courgettes à pousser.
Oh ?

Mais les limaces, là-dedans, c'est dégoûtant.
Peut-être qu'elles ont peur de nous.
Des géants qui volent les salades et les jolis petits radis !
Ha ha !
Sauf qu'elles nous les volent aussi, et, ça, c'est pas terrible.
Heureusement, les chasseurs de limaces protègent la récolte.
Plus tard…
Et l'araignée des toilettes ?
Ta peau est trop dure pour elle.
Elle préfère manger les moustiques pris dans sa toile.
Berk !

Ah, Léa, je me demandais où tu étais passée...
J'ai ramassé des courgettes avec Ahmed.
Magnifique ! Exactement ce qu'il manquait pour le pique-nique.
Mes amis détestent les courgettes.
Ha ha ! Ils n'ont pas encore goûté ma recette secrète.
Une recette secrète ?! C'est quoi ?
Ça se dit pas, puisque c'est secret.
Mais, si tu m'aides à la préparer, tu la connaîtras.
Cool !

Plus tard, dans la forêt.
Ahmed, regarde, c'est une empreinte de loup, ça ?
Ah non ! Ça, c'est une empreinte de sorcière !
Ha ha ! Quelle imagination !
Fff...
T'inquiète pas, il blague.
Avec mes parents, j'ai moins peur.
Moi aussi.
Dormir dans la forêt, c'est une drôle d'idée.
Je sais.
On est ensemble. Ça va bien se passer.
Tu crois ?
Oui.

On va camper ici. Ça vous plaît ?
Wééé !
On démarre le feu et on installe les tentes ?
Super ! Les tentes, c'est facile.
Elles se déplient toutes seules.
Il suffit de les jeter là.
Oups...
Vous allez dormir là-haut ?
Hi hi !
Avec les chouettes et les hiboux !

Peu après...
On va faire un gros feu pour éloigner les loups ET les sorcières.
Il faudrait ramasser du bois dans la forêt.
Ça marche ! Qui vient avec moi ?
Je blaguais, les enfants, il n'y a pas de loups.
Ha ha, juste un dragon. Mais il ne mange que les maîtres.
Allez, Tom et Lucas, on va chercher du bois !
Tu viens, Parfait ?
Heu...
Tu viens, Léa ?

On a bien travaillé. Ça va être un beau feu !
Oh ? Tom, tu as une araignée sur le nez.
Hiii !
Ah, elle est dans mon cou.
Attention ! Vous écrasez la maison des fourmis...
Hiiiiiii ?!!!

Peu après.
J'avoue... Les petites bêtes, ce n'est pas mon truc.
CRAC !
Aaah !
Ben quoi ? Qu'est-ce qu'ils ont ?
?
Hu hu... Certains ont peur des grosses bêtes par ici.
Pff... Des petites, des grosses...

Salut, les aventuriers, voilà le dîner !
Wééé !

Bientôt, chaque enfant présente ce qu'il a préparé avec Sylvain pour le dîner.
Petits friands froids aux saucisses.
La quiche au poulet.
Une méga-pizza.
Une salade de pâtes au jambon.
Crêpes roulées au fromage.
Cake salé aux tomates !
Et le gâteau secret.
Secret mais délicieux.
Mmm, le meilleur !

C'est vrai qu'il est bon, ton gâteau.
Pourtant, dedans il y a un ingrédient tout vert.
Du moment que c'est pas des courgettes !
Hi hi !
C'est super ici.
Ah oui !
Allez, il est à quoi ? Je le répèterai pas.
Ha ha ha !
Ça suffit de rigoler sans nous. Il est à quoi, ce gâteau ?
Il y a du chocolat. Et un truc vert secret.
Hi hi hi !
Ça commence par cour et ça finit par gette.

Plus tard.
Autour du feu...
Autour du feu...
Nagawicka...
Nagawicka...
Je danserai toute la nuit...
Nagawicka, Nagawicka...
Léa, tu viens ?
Près du feu, il y a trop de lumière pour les voir.
Voir quoi ?
Les étoiles. Elles sont venues dormir avec nous.
Oooh...

À quoi vous pensez ?
Moi, à maman, à Chaminou, et aussi à Juliette.
Oh oui, dommage qu'elle ne soit pas là.
Faudra TOUT lui raconter.
Le gâteau !
Les poneys...
Le maître qui a peur des fourmis...
Ha ha ha ha !
On a vécu plein d'aventures.

Et à la fin de la semaine...
Maman, Juliette !
Ma minouche !
C'est fou, en une semaine tu as grandi.
C'était génial !
On a fait des trucs de ouf !
Tu nous as manqué.
Vous aussi, vous m'avez manqué.
Pour fêter votre retour, j'ai préparé un gâteau au chocolat.
Et aux courgettes ?!
Hi hi hi !

Ce soir-là...
Et pendant la balade à poney...
... Banane a sauté par-dessus le ruisseau !
Eh bien, tu en as fait, des choses !
Tu vois, on ne t'a pas trop manqué.
Bien sûr que si ! Mais ce n'était pas triste du tout...
... puisqu'on allait se retrouver.
Fin

Et toi, comment réagirais-tu ?

Pour chaque situation, choisis la bulle qui te correspond le plus.

1 Tu pars en classe verte.

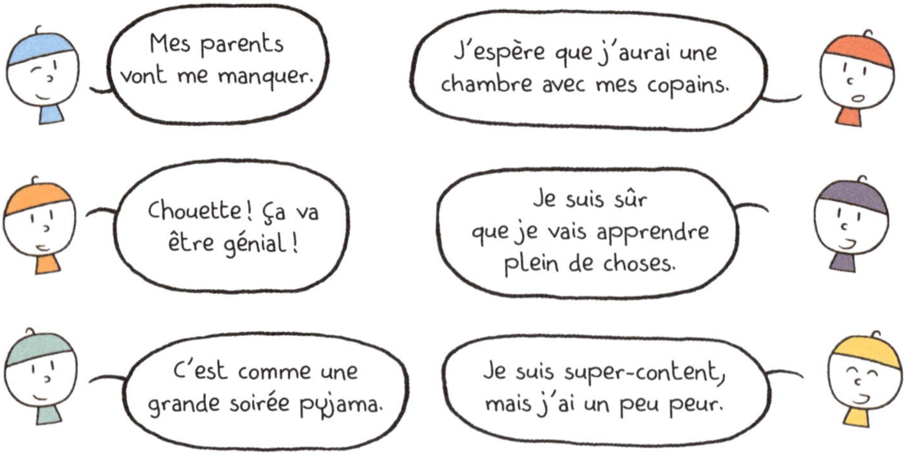

2 Comment imagines-tu la classe verte?

3 Tes parents ne t'accompagnent pas en classe verte.

4 Quelles activités penses-tu faire?

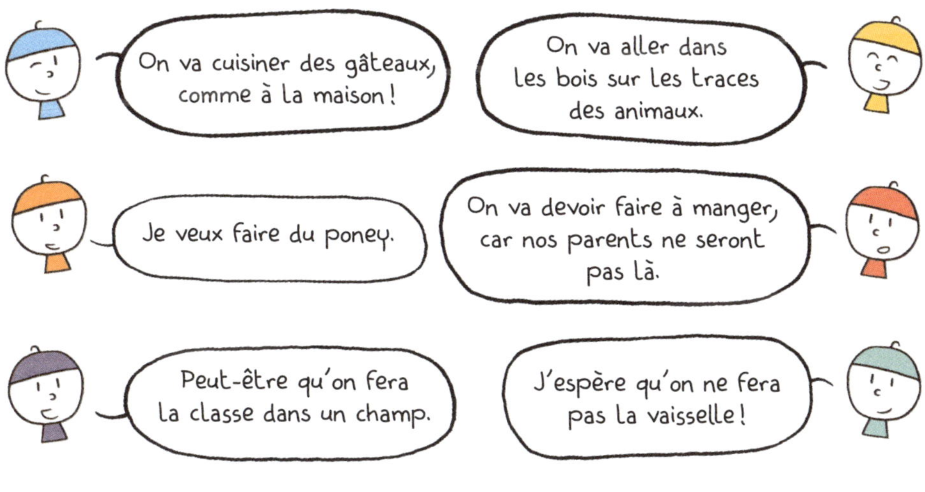

Résultats !

Compte le nombre de symboles de chaque couleur
et découvre ton profil.

Tu as plus de  : **tu es anxieux.**
Partir en classe verte, ça t'angoisse.
Comme Léa, tu as besoin de te sentir
en confiance. Surtout, n'hésite pas
à parler de tes peurs à tes parents,
ils pourront te rassurer.

Tu as plus de  : **tu es courageux.**
Comme Lucas, tu as un peu peur,
mais tu aimes l'aventure. N'hésite pas
à tester de nouvelles activités. Tu pourrais
bien te découvrir des passions.

Tu as plus de  : **tu es tranquille.**
Comme Tom, la classe verte
ne te fait pas peur. Tu sais que tu vas
pouvoir faire de chouettes activités.
Mais, même si tu ne le veux pas, il faudra
aussi que tu participes à l'organisation,
car, partir avec la classe, c'est vivre
en communauté.

Ne t'en fais pas si aucune couleur ne domine. Lis le profil de chacune de tes couleurs : chacun te correspond un petit peu.

Tu as plus de  : **tu es confiant.**
Comme Parfait, tu sais que la classe verte est un moment important dans la vie de la classe. En plus, tu seras bien entouré par les animateurs.

Tu as plus de  : **tu es prudent.**
La classe verte ne te fait pas peur, mais, comme Juliette, tu vas devoir t'adapter et faire des choses dont tu n'as pas l'habitude. Entouré de tes amis, tu vas passer de bons moments.

Tu as plus de  : **tu es enthousiaste.**
Super, tu n'attendais que ça! Comme Aminata, tu es hyper-excité : tu veux tout découvrir, tout essayer. Mais attention à ne pas trop bousculer tes camarades, car tous ne sont pas aussi confiants.

Retrouve

LES INSÉPARABLES

dans leurs aventures :

Tom Juliette Lucas Léa Parfait Aminata
Léa veut voter
Nathalie Dargent
Yannick Thomé
MILAN

Tom Juliette Lucas Léa Parfait Aminata
Juliette raconte des mensonges
Nathalie Dargent
Yannick Thomé
MILAN

Tom Juliette Lucas Léa Parfait Aminata
Léa ne veut pas rester à l'école après la classe
Nathalie Dargent
Yannick Thomé
MILAN

Tom Juliette Lucas Léa Parfait Aminata
Parfait est amoureux
Nathalie Dargent
Yannick Thomé
MILAN

Tom Juliette Lucas Léa Parfait Aminata
Le papou d'Aminata est mort
Nathalie Dargent
Yannick Thomé
MILAN

Tom Juliette Lucas Léa Parfait Aminata
Aminata veut des sous
Nathalie Dargent
Yannick Thomé
MILAN

Tom Juliette Lucas Léa Parfait Aminata
Tom n'aime pas lire
Nathalie Dargent
Yannick Thomé
MILAN

Tom Juliette Lucas Léa Parfait Aminata
Tom en a marre de son petit frère
Nathalie Dargent
Yannick Thomé
MILAN

Tom Juliette Lucas Léa Parfait Aminata
Parfait achète le pain tout seul
Nathalie Dargent
Yannick Thomé
MILAN